Natural Horsemanship für Anfänger

Wie sie mit einfühlsamen Pferdetraining
Ihr Pferd sanft aber bestimmt führen
und eine tiefe Bindung aufbauen

inkl. 3-Wochen Trainingsplan

Birthe Hagen

🐴 INHALT

Das erwartet Sie in diesem Buch

Suchen Sie nach einem Weg, mit Ihrem Pferd in Kontakt zu treten? Nach einem Weg, der sanft, aber bestimmt das Verhältnis zwischen Ihnen und Ihrem Pferd verbessern kann und mit dem Sie ein Leben lang weiterlernen können? Dann werden Sie in diesem Buch fündig werden. Wer mit einem Pferd arbeitet, weiß, dass es verschiedene Stadien der Ausbildung und der Kommunikation gibt. Dass es Tage gibt, an denen man gut arbeiten kann, und Tage, an denen das Pferd nervös oder aufgeregt ist. Natural Horsemanship zeigt nun schon seit vielen Jahren einen Weg auf, bei dem immer mit und nie gegen das Pferd gearbeitet wird. In den vergangenen Jahren wurde immer deutlicher, wie wichtig es ist, sanft mit einem Pferd zu arbeiten. Während man die Pferde früher 'gebrochen' hat, wollen wir heute mit ihnen gemeinsam einen friedlichen Weg durch das Leben finden. Als Pferdehalter wissen Sie, wie viel auch wir als Menschen von unserem Pferd lernen können. Natural Horsemanship zeigt Ihnen, wie Sie diesen friedlichen Weg mit Ihrem Pferd beschreiten können.

Dieses Buch gibt Ihnen das Werkzeug an die Hand, in jeder Stimmung und jeder Phase Ihrer Ausbildung mit Ihrem Pferd sanft und natürlich arbeiten zu können. Am Anfang des Buches erfahren Sie mehr über den Hintergrund und die Geschichte von Natural Horsemanship und deren Gründer. Auch über die Entwicklungen und Neuheiten werden Sie in diesem Buch informiert. Im zweiten Teil finden Sie die Darstellung verschiedener Anleitungen aus unterschiedlichen Bereichen der Ausbildungsskala. Hierbei achten wir besonders auf gute Umsetzbarkeit, damit Sie und Ihr Pferd zu jeder Zeit einen gemeinsamen Weg gehen können.

Dabei wird auch berücksichtigt, dass nicht jedem, der ein Pferd ausbilden möchte, ein eigener Platz zur Verfügung steht. Wir geben Hilfestellung, wie die Übungen auch ohne Platz erfolgreich durchgeführt werden können.

Hintergrund und Geschichte

WAS VERSTEHT MAN UNTER NATURAL HORSEMANSHIP?

Mit dem Begriff "Natural Horsemanship" wird eine Haltung bezeichnet, die man auf Deutsch „Natürliche Pferde-Mensch-Kunst" nennen könnte. Das Wort ist ein Kunstwort in Anlehnung an das Wort "Friendship". Diese Anlehnung gibt auch gleichzeitig Aufschluss darüber, vor welchem Hintergrund das Horsemanship steht.

Es handelt sich um eine Verbindung zwischen Mensch und Pferd, die ähnlich einer Freundschaft aufgebaut sein soll. Dabei unterscheidet man zwischen allgemeinem, chemischem und mechani–

schem und Natural Horsemanship. Die verschiedenen Bezeichnungen beschreiben jeweils einen eigenen Schwerpunkt der Beziehung zwischen Mensch und Tier und dem Umgang des Menschen mit seinem Pferd.

Unter "Allgemeinem Horsemanship" oder auch schlicht "Horsemanship" versteht man jedwede Arbeit zwischen Pferd und Mensch, die eine Interaktion notwendig macht, welche auf Geben und Nehmen beruht. "Chemisches Horsemanship" kennen wir aus dem medizinischen Bereich, zum Beispiel bei der Sedierung mit einer Nasenbremse, während unter "Mechanischem Horsemanship" zum Beispiel der Einsatz von Hilfszügeln zu fassen ist.

Davon unterscheiden wir das "Natural Horsemanship". Das vorangestellte "Natural" verrät uns etwas über die Philosophie, die hinter diesem Ansatz steckt, dem natürlichen und harmonischen Umgang mit dem Pferd. Mit anderen Worten: Es handelt sich beim Natural Horsemanship nicht nur um eine Trainingsmethode, sondern um eine Einstellung, die Sie gegenüber Ihrem Pferd entwickeln. Darunter fällt auch ein Anspruch, den jeder, der sich dieser Trainingsmethode verschreibt, an sich selbst hat. Dies bezieht sich oft nicht nur auf den Umgang mit dem Pferd, sondern lässt sich ähnlich wie bei der Philosophie einer Kampfkunst auch auf andere Lebensbereiche übertragen. Es geht hierbei grundlegend um einen empathischen und rücksichtsvollen Umgang mit unserer Umwelt.

BEGRÜNDER DES NATURAL HORSEMANSHIP

Auch wenn der Name 'Natural Horsemanship' erst 1981 durch Pat Parelli geprägt wurde, gehören zu diesem Zweig einige andere Vorreiter, auf denen Parelli seine Ausbildungsmethode maßgeblich aufgebaut hat.

Ray Hunt

Ray Hunt (31.08.1929-12.03.2009) ist sozusagen der "Urvater" des Natural Horsemanship, auch wenn der Begriff erst nach ihm geprägt worden ist. Er war einer der ersten Befürworter einer Reitweise, die die Pferde, anstatt sie zu brechen, sanft zu führen begann. Sein Ziel war es, vom Pferd nicht nur respektiert, sondern auch geliebt zu werden, was jede Misshandlung ausschloss. Sein Ansatz vertrat zum ersten

Mal öffentlich die Ansicht, dass bei einem tretenden und beißenden Pferd der Fehler nicht beim Pferd, sondern beim Menschen liegt. Während in seiner Umgebung die Devise hieß: "Wenn es nicht funktioniert, hol dir einen größeren Stock", predigte er das Gegenteil. Er war für die Pferde da – nicht für die Menschen.

Buck Brannaman

Buck Brannaman (geb. 1962 in Sheboygan, Wisconsin) kennt man als den bekanntesten "echten Pferdeflüsterer". Bekannt wurde er unter anderem durch die Mitarbeit an dem Film "Der Pferdeflüsterer" mit Scarlett Johannsson im Jahr 1998. Er war ein Schüler von Ray Hunt und führte dessen Ansichten weiter. Trotz seiner schwierigen Kindheit und einem gewalttätigen Vater bewahrte Buck Brannaman sich seine feine und rücksichtsvolle Art, mit Pferden und Menschen umzugehen.

Er widmete sich in seiner Arbeit der Frage, wie Pferde kommunizieren, und versuchte, diese Kommunikation zu verfeinern. Eines seiner wichtigsten Ziele war die Verbindung zwischen Mensch und Pferd so herzustellen, dass sich das Pferd in der Nähe des Menschen stets sicher und geborgen fühlt.

Dieser Ansatz ist heute noch eine der wichtigsten Grundlagen des Natural Horsemanship. Auch wenn Buck Brannaman genau wie Ray Hunt seinen Ansatz nie so genannt hat, sind doch viele seiner Lehren in das Training des Natural Horsemanship eingeflossen. Eine Aussage von ihm ist: "Missbrauchte Pferde sind wie missbrauchte Kinder. Sie vertrauen niemandem und erwarten das Schlimmste. Aber Geduld, Führung, Mitgefühl und Festigkeit können ihnen helfen, ihre Vergangenheit zu überwinden."

Monty Roberts
Monty Roberts (* 14. Mai 1935 in Salinas, Kalifornien als Marvin Earl Roberts) ist insbesondere durch seinen Umgang mit traumatisierten und schwierigen Pferden bekannt geworden. Dabei scheiden sich an seinen Methoden die Geister. Er steht zum einen für gewaltfreie Kommunikation und hat den Weg für Pat Parelli – den Begründer des Horsemanship, wie wir es heute kennen – geebnet.

Zum anderen scheint er in seinen Büchern nicht ganz konsequent zur gewaltfreien Kommunikation zu stehen, was es schwierig macht, seine wahren Gedanken und Methoden zu entschlüsseln. Letztlich macht sich am besten jeder selbst ein Bild von seiner

Arbeit. Dazu muss natürlich auch gesagt sein, dass Monty Roberts 1935 geboren wurde und noch einer ganz anderen Generation von Pferdeausbildern angehört.

Pat Parelli

Wer sich mit Natural Horsemanship beschäftigt, kommt an dem Namen Pat Parelli nicht vorbei. Pat Parelli ist ein ehemaliger Rodeoreiter, der seiner Ausbildungsmethode den Namen "Natural Horsemanship" gegeben hat. Gegründet hat er diesen Ausbildungszweig 1981. Er nannte ihn "Parelli Natural Horsemanship". Ursprünglich arbeitete Pat Parelli hauptsächlich mit Mulis. Er ist als erster professioneller Vermarkter einer bestimmten Ausbildungsweise bei Pferden bekannt geworden.

Seine Methode bildete einen ganzen Wirtschaftszweig, aus dem sich immer wieder neue Formen der Ausbildung heraus entwickelten. Als Grundlage bleibt jedoch das Natural Horsemanship bestehen. Derzeit agiert Pat Parelli weltweit und verbreitet seine Ausbildungsmethode mithilfe von Kursen und Workshops. Er tourt hauptsächlich mit seiner Frau, seinen Hunden und seinen Pferden durch die USA. Seine Frau ist 1993 in seine Arbeit eingestiegen und prägte das Ausbildungskonzept ihrerseits entscheidend. Der Parelli-Ansatz zielt nicht unbedingt in erster Linie auf eine Ausbildung des Pferdes ab, sondern auch – wenn nicht sogar noch mehr – auf eine Ausbildung des Menschen.

Grundprinzipien

Wenn Sie selber noch zu den Reitern gehören, die ihre Ausbildung in den 70er oder 80er-Jahren angefangen haben, können Sie sich sicherlich noch an die damaligen Ausbildungsmethoden erinnern. Motzende und schreiende Reitlehrer, die ihre Schüler vor allen anderen heruntergemacht haben, waren keine Seltenheit. Von: "Nimm das Pferd härter ran", "Du musst zeigen, wer der Boss ist" und "Lass dem Pferd bloß nichts durchgehen!", konnten die Reitschüler damals ein Lied singen. In den Reitställen herrschte oftmals ein sehr rauer, fast schon militärischer Ton.

Was im Grunde auch kein Wunder ist, denn die Reit-kunst kam ursprünglich vom Militär und eroberte erst langsam den Hobbybereich. Von einem sanften Umgang mit dem Pferd konnte man nur träumen. Wer nicht in der Lage war, das Pferd zu "beherr-schen", wurde oft als Versager hingestellt.

Im Gegensatz zu dieser strengen Welt des Mili-tärs gibt uns das Natural Horsemanship einen neuen Weg an die Hand. Statt das Pferd gefügig machen zu wollen und sich durch Härte und mit Einsatz von Angst machenden Mitteln als Boss zu präsentieren, sucht das Natural Horsemanship nach einem Weg mit dem Pferd, statt gegen das Pferd zu arbeiten. Ziel ist es, eine angenehme Arbeitsatmosphäre zu schaf-fen, in der Sie und Ihr Pferd sich wohlfühlen.

Durch den Ansatz, mit den Emotionen im Fluss zu arbeiten, statt Angst und Härte einzusetzen, stellt sich bei vielen Reitern, die den Ansatz von Härte bei-gebracht bekommen haben, eine große Erleichte-rung ein. Man muss nun nicht mehr ständig dem Pferd etwas beweisen. Es reicht, freundlich zu fragen und bestimmte, aber freundliche Antworten zu ge-ben. Natural Horsemanship ist eine innere Einstel-lung. Es hält uns an, mit Gefühl und Empathie zu kommunizieren, statt in ein mechanisches Training abzudriften, in dem die Emotionalität beider Seiten außen vor bleibt. Das Pferd wird als Lebewesen betrachtet und anerkannt, nicht als Sportgerät, das man auf eine bestimmte Art und Weise "hinbiegen" muss.

Dies bedeutet natürlich auch, dass man die Persönlichkeit des Pferdes mit in das Training einbezieht. Pat Parelli prägte hierfür den Begriff "Horsonality", in Anlehnung an "Personality". Jedes Pferd hat sein ganz eigenes Wesen. Sicher wissen Sie als Pferdehalter das bereits. Vielleicht gehört Ihr Pferd zu der scheuen Sorte? Oder zu denen, die nichts erschüttern kann? Vielleicht spielt und schmust es gerne? Oder geht es lieber auf sicheren Abstand? Dieses individuelle Wesen des Pferdes mit in das Training einzubeziehen ist Teil des Natural Horsemanship.

Basierend auf der Annahme der Individualität und dem Respekt vor dem Pferd als Lebewesen geht das Natural Horsemanship davon aus, dass das Ziel immer ein fairer Umgang mit dem Pferd ist. Dazu gehören auch eine artgerechte Haltung und allgemeine Fairness dem Pferd gegenüber. Ein natürlicher

Umgang in allen Lebensbereichen, nicht nur während des Trainings, ist eine Voraussetzung für Natural Horsemanship. Dabei geht dieser Umgang stets behutsam und einfühlsam vonstatten. Nur mit Behutsamkeit und Einfühlsamkeit kann eine echte Partnerschaft mit Ihrem Pferd entstehen. Dabei geht das Natural Horsemanship davon aus, dass man ein Leben lang weiter lernt. Man ist nie ganz am Ziel, oder um es in einer buddhistischen Weisheit auszudrücken: "Der Weg ist das Ziel".

Der Weg, den wir gemeinsam mit dem Pferd gehen, bei dem wir immer offen für Veränderungen und neue Errungenschaften bleiben, ist Grundlage eines Trainings, dessen Ziel ein sinnvoller und verständlicher Umgang mit dem Pferd ist. Je besser Sie Ihr Pferd kennen und je mehr Weg Sie gemeinsam zurücklegen, desto sicherer werden Sie sich auch mit Ihrem Pferd fühlen, und desto mehr Sicherheit wird es auch innerhalb des Trainings geben. Wenn Sie wissen, wovor und wann Ihr Pferd scheut oder in welchen Situationen es gerne mit dem Kopf schlägt, können Sie sich bereits vorher darauf vorbereiten, und es trifft Sie nicht unerwartet. Bei dem Ziel der harmonischen Partnerschaft zwischen Mensch und

Tier soll natürlich auch der Spaß nicht zu kurz kommen. Vergessen Sie nie, dass es Lebenszeit ist, die Sie mit Ihrem Pferd verbringen. Spaß darf dabei gerne im Vordergrund stehen.

Natural Horsemanship steht also vor allem für das Fördern einer harmonischen Partnerschaft zwischen Ihnen und Ihrem Pferd. Die besondere Beziehung zwischen Ihnen kann und soll durch Natural Horsemanship herausgearbeitet und vertieft werden. Die Vorteile liegen auf beiden Seiten, denn nur mit gegenseitigem Vertrauen kann sich eine harmonische Partnerschaft bilden. Natural Horsemanship ist eine Grundausbildung – nicht nur für den Pferd, sondern auch für den Reiter, bei der man mit jedem Trainingsstand einsteigen kann.

KOMMUNIKATION IM NATURAL HORSEMANSHIP

Unter Kommunikation versteht man eine Verständigung zwischen zwei Individuen, also den Austausch von Informationen und Gefühlen. Dabei unterscheiden wir zwischen der verbalen und der nonverbalen Kommunikation. Während wir im Austausch zwischen Menschen meist der verbalen Komponente stärkere Bedeutung beimessen, ist dies natürlicherweise im Umgang mit Ihrem Pferd anders. Hier brauchen wir eine weitgehend nonverbale Kommunikation, obwohl auch die Sprache immer eine wichtige Rolle spielt. Viele empfinden die nonverbale Art des Kommunizierens im Austausch mit ihrem Pferd als befreiend und angenehm, andere strengt es an. Woran liegt das?

In der nonverbalen Kommunikation mit einem Pferd müssen wir immer ehrlich sein. Alles muss echt, jeder Gedanke klar gedacht sein. Dies ist ein großer Unterschied zu der Kommunikation zwischen Menschen, bei der es oftmals nicht so sehr darum geht, etwas zu offenbaren, sondern eher etwas zu vertuschen, zu verschleiern oder zu beschönigen. Wir versuchen ein besseres Ich darzustellen. Nicht nur auf den sozialen Medien, sondern meist auch in der direkten Kommunikation mit einem anderen Menschen. Im Umgang mit einem Pferd können wir uns dies sparen – das Pferd durchschaut eine vorgespielte Emotion sofort. Diese schonungslose Ehrlichkeit mit uns selbst und der Spiegel, den uns das Pferd an dieser Stelle vorhält, ist für manche eine angenehme Erleichterung von der Anstrengung, sich stets leicht anders darstellen zu müssen, als sie sich ehrlich fühlen; für manche anderen ist es mit Scham und Ängsten besetzt, wenn sie ihr Innerstes nicht verbergen können. Oft merken wir dann, dass wir gar nicht genau wissen, was wir eigentlich wollen – und wie soll unser Pferd uns dann folgen?

Für eine klare Kommunikation mit unserem Pferd ist es daher notwendig, uns selbst so gut wie möglich kennenzulernen. Hier setzt das Natural Horsemanship an: Es ist eine Ausbildung und Weiterbildung für den Menschen im gleichen Maße wie für das Pferd. Im praktischen Teil finden Sie Übungen, wie Sie innere Klarheit bekommen können, um die Kommunikation mit Ihrem Pferd zu verbessern.

Die Kommunikation mit Ihrem Pferd beinhaltet nach dem Natural Horsemanship drei verschiedene Ebenen: Die mentale Ebene, die emotionale Ebene und die physische Ebene. Alle drei Ebenen stehen gleichbedeutend nebeneinander. Die Kommunikation mit Ihrem Pferd wird dadurch nicht zu einem mechanischen Erteilen und Annehmen von Befehlen, sondern zu einer ausgeglichenen Balance zwischen Ihnen und Ihrem Pferd. Die Kommunikation soll keine Einbahnstraße sein. Sie sind nicht nur Sender, sondern auch Empfänger von Nachrichten. Je besser Sie Ihr Pferd mit der Zeit kennenlernen, desto besser werden Sie es verstehen. Natürlich gibt es aber ein paar grundlegende Aspekte in der Pferdekommunikation, die bei allen Tieren ähnlich sind, sodass die Grundlagen des Natural Horsemanship Ihnen ein Startpaket bieten, mit dem Sie in die Kommunikation mit Ihrem Tier einsteigen können. Es ist Ihre Aufgabe, Ihrem Pferd zuzuhören, wobei Sie es natürlich nicht vermenschlichen sollen. Behalten Sie im Hinterkopf, dass Ihr Pferd eine andere Lebenswelt hat als Sie und daher auch anders reagiert und empfindet.

Je weiter Sie im Training voranschreiten, desto feiner können die Signale zwischen Ihnen und Ihrem Pferd werden.

Die Basis des Natural Horsemanship in der Kommunikation ist stets das natürliche Verhalten des Pferdes. Eingesetzt werden soll die Körpersprache, die das Pferd ohnehin nutzt. Dazu gehören unter anderem Streicheln, Schubsen und Vertreiben. Bei aller Verständigung, allem Respekt und Nachsicht gilt: Sie müssen nicht immer und in jeder Situation der liebe Freund des Pferdes sein. Manchmal sind Sie vielleicht unterschiedlicher Meinung, manchmal müssen Sie ihm etwas zeigen – stehen Sie dazu! Bleiben Sie höflich und freundlich mit Ihrem Pferd, aber seien Sie sich im Klaren darüber, dass Höflichkeit nicht bedeutet, immer nachzugeben. Schlussendlich ist das Ziel, ein tiefgehendes Vertrauen in beide Richtungen aufzubauen, das auf gegenseitigem Respekt beruht. Respekt bedeutet auch, dass es Ihr Ziel sein sollte, von dem Pferd nicht als Bedrohung wahrgenommen zu werden. Dies ist nicht so selbstverständlich, wie es sich vielleicht anhört. Pferde sind Pflanzenfresser und Fluchttiere, während wir Menschen auch jagen und Fleisch essen – wir sind also potenzielle Angreifer. Wir sitzen genau dort auf dem Rücken des Pferdes, wo ein Wolf hinspringen würde, um es zu töten. Welches Vertrauen muss also dieses Tier in uns haben, dass es uns erlaubt, dort zu sitzen, und dabei angstfrei unter uns zu laufen?

Sie können es dem Pferd erleichtern, Vertrauen zu Ihnen aufzubauen, wenn Sie sich darum bemühen, sich so zu verhalten, wie Pferde sich in der Herde verhalten. So wird Ihr Pferd Sie weniger als Raubtier denn als anderes Pferd, also ein Kollege, wahrnehmen. Das Pferd soll angepasst werden an unsere Welt. Alles, was ihm unter natürlichen Umständen eventuell bedrohlich und gefährlich erscheinen würde, soll das Pferd nicht mehr ängstigen. Dafür braucht es uns als Menschen. Es braucht unsere Beruhigung, die ihm sagt: „Alles ist in Ordnung." Dabei ist jedes Pferd eine Persönlichkeit mit individuellen Bedürfnissen. Ein Pferd muss vielleicht beruhigt werden, wenn ein Luftballon vorbeifliegt, ein anderes mag keine Pfützen oder läuft nicht über Brücken. Sie kennen Ihr Pferd am besten – finden Sie heraus, was ihm Angst macht, und lernen Sie, wie Sie Ihr Pferd in solchen Situationen am besten beruhigen können. Mehr dazu finden Sie im praktischen Teil.

Um wie ein Pferd kommunizieren zu können, brauchen wir natürlich zunächst ein besseres Verständnis für ihr angeborenes Verhalten. Was wir lernen wollen, ist unter anderem, wie die Rangfolge unter Pferden auf natürliche Weise geregelt wird. Das Verstehen der Rangordnung ist eine solide Grundlage, auf der Sie später aufbauen können. Durch ein besseres Verständnis der Kommunikation und der Grundannahme, dass wir gemeinsam mit unserem

Pferd einen Weg beschreiten, auf dem wir beide bereit sind zu lernen, lässt Hindernisse, die früher als Probleme wahrgenommen wurden, auf natürliche Weise verschwinden. Durch die mentale Umstellung nehmen wir die Hindernisse nicht mehr als Probleme wahr – sondern als Herausforderung, der wir uns gemeinsam mit unserem Pferd stellen können. Es ist dann ein weiteres "Abenteuer" auf unserem gemeinsamen Weg und kein Stolperstein, der dem Ziel im Weg ist.

Natural Horsemanship bedient sich dabei sowohl der Bodenarbeit als auch der Freiarbeit und dem Reiten. Unabhängig von der Reitweise, egal ob Englisch oder Western, unabhängig von den Vorkenntnissen und den sportlichen Ambitionen bietet die Herangehensweise für jeden das, was er braucht. Sind Sie noch Anfänger und wollen die ersten Schritte machen? Oder möchten Sie die Kommunikation zwischen Ihnen und Ihrem Pferd nach langjährigem gemeinsamen Training noch verbessern? Das Schöne am Natural Horsemanship ist, dass es keine Rolle spielt, wie viel Erfahrung Sie haben und wie ehrgeizig Ihre Pläne sind. Da es von der Individualität der jeweiligen Beziehung ausgeht, können Sie mit

Ihrem Pferd das Richtige für Sie ganz persönlich darin finden. Mit Wertschätzung und Einfühlungsvermögen, Toleranz und Empathie gehen Sie ihren ganz individuellen Weg hin zu einer vom Instinkt geleiteten Gemeinschaft mit Ihrem Pferd.

ANSPRÜCHE VERSCHIEDENER PFERDETYPEN "HORSENALITYS"

Pat Parelli vertritt die Überzeugung, dass man das Training auf den Pferdetyp abstimmen sollte. Dies ist zum einen dafür gedacht, Reaktionen besser einschätzen zu können, und zum anderen, um den Alltag mit dem Pferd zu erleichtern. Es ermöglicht Ihnen als Pferdehalter, individuell auf Ihr Pferd zu reagieren. Entstanden ist die Idee der Typisierung in verschiedene Persönlichkeiten im Natural Horsemanship Anfang der 90er-Jahre und bildet seitdem eine Grundbasis für das Training mit den Pferden.

Im Natural Horsemanship werden grundsätzlich vier Basistypen unterschieden.

Dabei geht Parelli davon aus, dass jedes Pferd entweder von seiner rechten oder seiner linken Gehirnhälfte dominiert wird. Pferde, bei denen die linke Gehirnhälfte dominiert, sind eher dominant. Sie können sich aufdringlich verhalten, aber auch tolerant und sorglos durch das Leben gehen. Dabei sind sie oft selbstsicher und neugierig. Pferde, die dagegen von der rechten Gehirnhälfte dominiert werden, wirken eher ängstlich und nervös. Sie reagieren oft defensiv und sind emotional aufgeladen. Da sie oft unsicher sind, reagieren sie eher, als dass sie agieren. Häufiges Scheuen ist ebenfalls ein Zeichen dafür, dass Ihr Pferd von der rechten Gehirnhälfte dominiert wird. Diese Pferde neigen häufiger zu Überreaktionen als Pferde, bei denen die linke Gehirnhälfte die Kontrolle hat.

Die zweite Unterscheidung im Natural Horsemanship ist die Frage danach, ob das Tier introvertiert oder extrovertiert ist. Genau wie bei Menschen unterscheidet man beim Pferd diese beiden Persönlichkeitstypen. In den letzten Jahren wurde auf diesem Gebiet sehr viel geforscht und es wird immer deutlicher, dass introvertierte Menschen eine andere Gehirnaktivität haben als extrovertierte Menschen. Ihre Reizwahrnehmung und Verarbeitung funktionieren anders. Diese Annahme gilt auch für die Pferde: Introvertierte Pferde reagieren anders auf Außenreize als extrovertierte Pferde. Dabei haben introvertierte Pferde in der Regel etwas weniger "Go". Sie sind bedächtiger und vorsichtiger und rennen unter dem Reiter nicht weg. Sie sind auch weniger kommunikationsfreudig als extrovertierte Pferde, was nicht heißt, dass sie insgesamt weniger kommunizieren. Ihre Kommunikation ist nur mitunter feiner und leiser und daher für unser Verständnis weniger wahrnehmbar. Auch brauchen sie mehr Rückzugsraum als extrovertierte Pferde. Extrovertierte Pferde dagegen versprühen mehr Energie. Sie rennen gerne und lieben ganz allgemein die Bewegung. Ihre Kommunikationsfreudigkeit tritt offener zutage, sowohl in der Kommunikation zwischen Mensch und Tier als auch in der Kommunikation zu "Kollegen".

Aus der Kombination der beiden Basistypen: Rechte und linke Gehirnaktivität sowie introvertiert und extrovertiert werden im Natural Horsemanship vier Pferdetypen unterschieden.

Linke Gehirnhälfte und introvertiert

Haben Sie ein introvertiertes Pferd, das von der linken Gehirnhälfte dominiert wird? Sie können dies daran erkennen, dass dieses Pferd Sie als Mensch sehr gut lesen kann und daher sehr genaue An–wei-sungen haben möchte, bevor es macht, was Sie wollen. Es weiß oft schon vorher, was Sie gleich vorhaben, und wenn Sie Pech haben, weicht es dem schon im Vorhinein aus. Mit einem solchen Pferd müssen Sie sehr sensibel umgehen. Die Herausforderung bei einem solchen Pferd ist es, es im Training dazu zu bekommen, eine intrinsische Motivation von innen heraus zu entwickeln. Diese Pferde wollen genau wissen, welchen Vorteil sie davon haben, Ihnen zu folgen. Sie neigen dazu, mit Ihnen zu "diskutieren". Sie gelten als launisch und eigenwillig. Andererseits sind es oft sehr kluge Tiere und die Arbeit mit ihnen kann sehr viel Freude bereiten. Sie brauchen viel Abwechslung und zählen nicht unbedingt zu den schnell vorwärts laufenden Pferden. Oft brauchen diese Pferde häufiger Pausen als andere Pferdetypen.

Parelli gibt zur Einschätzung des eigenen Pferdes eine Anzahl an Persönlichkeitsmerkmalen vor, die darauf hindeuten, dass Ihr Pferd zu dem ersten Basistyp gehört. Ist Ihr Pferd intelligent, reagiert aber oft nicht auf Anweisung? Ist es manchmal desinteressiert? Kann Ihr Pferd streitlustig und herausfordernd sein? Oder neigt es zum Buckeln, ist manchmal bockig und dickköpfig? Das alles können Hinweise darauf sein, dass Ihr Pferd zu diesem Basistyp gehört. Ein weiteres Merkmal kann eine ausgesprochene Orientierung zum Futter hin sein, während es beim Training manchmal lustlos und unmotiviert scheint, sodass man es fast als faul bezeichnen könnte. Die Einschätzung der Lustlosigkeit als Faulheit ist aber oft ein Irrtum – diese Pferdetypen sind schlicht zu klug, um sich auf etwas einzulassen, worauf sie gerade keine Lust haben. Die Herausforderung mit ihnen besteht darin, ihnen Spaß am Training zu vermitteln, Haben Sie das erst mal geschafft, finden Sie in diesem Pferdetyp einen intelligenten und anspruchsvollen Wegbegleiter, mit dem Sie fein kommunizieren können.

Linke Gehirnhälfte und extrovertiert
Pferde, die von der linken Gehirnhälfte dominiert sind und ansonsten eine extrovertierte Veranlagung haben, zeichnen sich oft durch Ihre Verspieltheit und einen ausgeprägten Charakter aus. Ähnlich wie der erste Typ braucht auch dieser Typ viel Abwechslung im Training. Ansonsten neigt er dazu, eher seine eigenen Trainingsideen umzusetzen als die seines

Trainers. Sorgen Sie bei einem solchen Pferd dafür, dass es sich nicht langweilt, dann können Sie außerordentlich viel Freude an dem aufgeweckten und charmanten Charakter haben.

Wie erkennen Sie, ob Ihr Pferd von der linken Gehirnhälfte dominiert wird und einen extrovertierten Charakter besitzt? Eines der Merkmale wurde oben schon genannt: Diese Pferde sind oft sehr verspielt. Sie sind aufgeweckt und neugierig, bis dahin, dass sie manchmal etwas ungezogen und frech sind. Dabei sind sie aber meist so charismatisch, dass man es ihnen kaum übel nehmen kann. Die Kehrseite ist, dass dieser Pferdetyp tendenziell auch zu Boshaftigkeit neigen kann. In diesem Fall kann eine Ungezogenheit schnell vom Spiel zu Ernst umschlagen.

Dann neigt dieser Typ zum Beißen oder schlägt mit dem Vorderhuf aus. Eine gewisse Eigenwilligkeit ist diesem Typ nicht abzusprechen. Er neigt oft dazu, alles ins Maul nehmen zu wollen. Haben Sie sich mit einem solchen Pferdetyp aber erst einmal angefreundet, werden Sie viel Freude beim Training haben. Denn mit seiner etwas überschäumenden Art ist dieses Pferd, sofern es Ihnen freundlich gesinnt ist, ein Partner, der Spaß macht und das spielerische

Element auch in uns wecken kann.

Rechte Gehirnhälfte und introvertiert

Pferde, die diesem Typ entsprechen, werden als schüchterne und ruhige Pferde charakterisiert. Sie sind skeptisch, was sie zu sehr empfindsamen Tieren macht. Auf Druck reagieren sie tendenziell mit Rückzug. Wehren tun sie sich dagegen eher seltener. Dies ist eine Herausforderung für Sie als Trainer. Sie müssen immer wieder darauf achten, Ihr Pferd genau zu beobachten. Ist es noch bei Ihnen? Oder haben Sie zu viel Druck aufgebaut? Das merkt man oft selbst gar nicht gleich, aber Sie sehen es an der Reaktionsweise Ihres Pferdes. Haben Sie zu viel Druck aufgebaut, tendiert dieser Pferdetyp dazu "einzufrieren". Sie brauchen als Trainer ein waches Auge für die Körpersprache Ihres Pferdes. Sonst kann es passieren, dass Ihr Pferd nicht mehr bei Ihnen ist, während Sie munter weitermachen. Ein solches Pferd braucht oft viele Wiederholungen und viel Geduld.

Sie erkennen, ob Ihr Pferd zu diesem Basistyp gehört, wenn Sie es aufmerksam beobachten. Neigt Ihr Pferd dazu, angespannt zu sein, oder wirkt es vordergründig ruhig und ergeben? Ist es vielleicht zögerlich oder gar katatonisch? Oft wirken diese Pferde auch besonders bei Fremden zunächst misstrauisch oder sie schlagen aus Angst hinten aus. Dieser Pferdetyp hat im Training die besondere Herausforderung, dass er oft unvorhersehbar reagiert.

Manchmal steht ein solches Pferd erst still, um dann ganz plötzlich zu explodieren. Dies ist auch als Reiter nicht immer ganz einfach. Gehört Ihr Pferd zu den introvertierten, die von der rechten Gehirnhälfte dominiert werden, dann ist es sehr sinnvoll, dieses Pferd ganz genau kennenzulernen, um die Vorhersehbarkeit der Reaktionen zu verbessern und damit eine größere Sicherheit und ein größeres Vertrauen zu Ihrem Pferd aufzubauen. Dieser Pferdetyp kann für viele Menschen eine große Herausforderung sein. Im Alltag werden wir kaum dazu angehalten, die Körpersprache und die Emotionen unseres Gegenübers so genau zu lesen, wie dies bei diesem Pferdetyp notwendig ist. Wenn Sie aber ein solches Pferd erst einmal wirklich gut kennen, werden Sie die extrem feinen Möglichkeiten der Kommunikation zu schätzen wissen. Haben Sie erst einmal das Vertrauen eines solchen Pferdetyps erlangt, geht dies oft tiefer und ist emotional bindender als bei anderen Pferdetypen.

Der Weg dorthin mag oft steiniger sein – aber es lohnt sich.

Rechte Gehirnhälfte und extrovertiert

Wer mit einem solchen Pferdetyp arbeitet, muss sich ganz besonderen Herausforderungen stellen. Es handelt sich hierbei oft um ängstliche Pferde. Als Trainer haben Sie die Aufgabe, Ihrem Pferd so viel Sicherheit wie möglich zu geben. Sie zeichnen sich durch eine besondere Unsicherheit und Ängstlichkeit aus, was leider oft dazu führt, dass sie schnell mal durchgehen. Sie als Trainer haben bei diesem Pferd die Aufgabe, Ihrem Pferd ein sicheres Gefühl zu geben und jede Überforderung zu meiden. Arbeiten Sie bei einem solchen Pferd am besten mit sanften Wiederholungen. Gehen sie auch mal mit ihm im Wald spazieren, nicht immer muss man reiten. Oder vielleicht versuchen Sie mal, es an einer Baustelle vorbei zu führen. Je sicherer Sie am Boden auftreten, desto mehr Vertrauen wird dieser Pferdetyp Ihnen schenken.

Sie erkennen diesen Pferdetyp unter anderem daran, dass er nicht gut stillstehen kann. Er neigt zu impulsiven Reaktionen und erscheint oft hyperaufmerksam. Dieser Typ ist reizbar und neigt zu Panik, genauso wie zum Durchgehen oder zum Steigen. Er schlägt manchmal mit dem Kopf, wobei er eher nach oben als nach unten schlägt, oder er stellt den Hals steil. Achten Sie besonders darauf, ob Ihr Pferd überreagiert oder Sie überrennt. Wenn dies der Fall ist und Ihr Pferd außerdem dazu neigt, immer nach vorne zu streben, handelt es sich höchstwahrscheinlich um einen Pferdetyp, der extrovertiert ist und von der rechten Gehirnhälfte dominiert wird.

Sie brauchen bei einem solchen Pferd sehr viel eigene innere Sicherheit, deshalb beginnt das Training mit diesem Pferdetyp zunächst bei Ihnen selbst. Seien Sie dabei immer ehrlich mit sich: Fühlen Sie sich sicher? Sind Sie selber ängstlich oder nervös? Solche Emotionen übertragen sich leicht auf diesen vierten Typ. Achten Sie daher ganz genau auf sich selbst und konzentrieren Sie sich darauf, selber so zu sein, wie Sie sich einen Freund wünschen würden, der Ihnen zur Seite steht, wenn Sie gerade nervös sind. Ihr Pferd wird es Ihnen mit neu gefundener Gelassenheit mehr als danken. Haben Sie erst einmal das Vertrauen eines solchen Pferdetyps, haben Sie ein fleißiges Pferd an der Seite, das Ihnen gerne folgen wird.

GRUNDTRAININGSMETHODE DES NATURAL HORSEMANSHIP

Das Natural Horsemanship arbeitet in erster Linie mit körperlichem drücken und zurücknehmen des Druckes, was als negative und positive Verstärkung beschrieben wird. Das Pferd wird so konditioniert, dass über die Dauer des Trainings immer weniger Druck nötig wird und immer schneller nachgegeben werden kann. Ziel ist es, irgendwann den Druck verstärkt durch Energie aufzubauen, statt dem Pferd physisch nahezutreten.

Diese Trainingsmethode versucht, die grundsätzliche Frage: "Wer bewegt wen?" zu beantworten. Es ist eine der Grundprinzipien des Pferdetrainings, dass der Mensch das Pferd bewegt und nicht andersherum. Dies ist schon aus Gründen der Sicherheit unabdingbar. Denn viele Situationen, denen wir in unserer menschengemachten Welt begegnen, können vom Pferd in Gänze nicht erfasst werden. Daher können sie oft nicht angemessen reagieren – das müssen wir als Menschen übernehmen. So geht das Natural Horsemanship davon aus, dass das Pferd dem Mensch weicht, niemals andersherum. Der eigentliche Lerneffekt entsteht nicht durch den Druck selber, sondern in erster Linie durch das Nachlassen des Druckes in genau dem Moment, in dem das Pferd sich in die gewünschte Richtung bewegt. Dabei dürfen die Schritte anfangs ruhig sehr klein sein. Hauptsache ist nur, dass das Pferd irgendwie reagiert. Sobald es reagiert, nehmen Sie den Druck weg. Dieses Nachgeben wird Ihr Pferd sich merken und beim nächsten Mal schneller nachgeben oder bereits auf leichteren Druck reagieren. Es merkt sich den positiven Moment des Loslassens. Dadurch wird das Training mit positiven Erlebnissen assoziiert.

Druck kann dabei in verschiedenster Form aufgebaut werden. Sie können reine Körpersprache einsetzen oder ein Seil schwingen. Selbst die Ausstrahlung von reiner Energie kann Ihr Pferd bereits bewegen, dies hängt natürlich davon ab, wie sensibel Ihr Pferd individuell reagiert.

Der Druck wird in Abstufungen, sogenannten "Phasen" aufgebaut. Sie fangen mit einem leichten Druck an, und nur, wenn Ihr Pferd darauf nicht reagiert, versuchen Sie, den Druck zu erhöhen. Das sanfte Anfragen ist eine Frage der Höflichkeit. Schließlich möchten Sie auch von Ihrem Pferd höflich behandelt werden, also sollten Sie Ihrem Pferd denselben Respekt zukommen lassen. Natürlich dürfen Sie auch von Ihrem Pferd erwarten, dass es seinerseits höflich antwortet. Beißen, schlagen oder ähnliches müssen Sie nicht tolerieren und dürfen dann sehr deutlich werden. Natural Horsemanship heißt nicht immer, nur sanft zu bleiben. Es bedeutet in erster Linie, Höflichkeit zu zeigen – aber eben auch Höflichkeit zu erwarten.

An dieser Stelle hilft es oft, die eigene Wirkung nicht mit einem Pferd, sondern zunächst mit einem menschlichen Partner zu üben. So skurril sich das zunächst anhören mag, ein menschlicher Partner hat den Vorteil, dass er Ihnen rückmelden kann, wie Ihr Verhalten auf ihn wirkt. Wirken Sie unsicher? Entschlossen? Vielleicht zu entschlossen? Ist immer klar zu erkennen, was Sie eigentlich wollen? Oder sind Sie gar unhöflich und merken es vielleicht gar nicht? Stellen Sie sich darauf ein, dass Sie lernen müssen, mit Kritik umzugehen. Nicht selten zeigt sich im Umgang mit Pferden auch unsere Persönlichkeit, und nicht immer werden wir gerne damit konfrontiert.

VIER PHASEN DES TRAININGS: DIE VIER SAVVYS

Naturals Horsemanship arbeitet mit unterschiedlichen Phasen beziehungsweise "Disziplinen" des Trainings. Dies bedeutet, dass man leicht einsteigen und dieselben Übungen später auch noch in einer schwierigeren Phase wiederholen kann. Dabei hat jedes Savvy ein ihm zugeordnetes vorrangiges Ziel in der Trainingsarbeit.

Das erste Savvy ist das Savvy "Online". Bei dieser Phase geht es in erster Linie um den Kommunikationsaufbau zwischen Ihnen und Ihrem Pferd. Mit dieser Phase wird insbesondere die Partnerschaft zwischen Ihnen und Ihrem Pferd aufgebaut. Online bedeutet, dass Sie mit Ihrem Pferd vom Boden aus arbeiten und es von dort aus dirigieren. Besonderes Augenmerk liegt dabei auf der Körpersprache. Dabei geht es nicht nur um die Körpersprache des Pferdes, sondern auch und vor allem um Ihre Körpersprache als Trainer. In dieser Phase sind Ihr Pferd und Sie über ein Seil miteinander verbunden. Über das Seil können Sie mit Ihrem Pferd in Kommunikation treten. Das zweite Savvy ist das Savvy "Freestyle". In dieser Disziplin soll die Harmonie zwischen Ihnen und Ihrem Pferd verbessert und verfeinert werden. Diese Phase hat viel mit Vertrauen und Vertrauensaufbau zu tun. Hier lernen Sie Ihr Pferd noch näher kennen. Zu dieser Phase gehört ein gutes Körperempfinden Ihrerseits, denn nun arbeiten Sie vom Pferderücken aus. Dabei wird maximal ein Zügel zur gleichen Zeit benutzt. Die Hauptarbeit liegt in der Verfeinerung des Sitzes und der Hilfen aus dem Sitz heraus. Geschult werden soll hier der zügelunabhängige Sitz. Unbewusst nutzen wir sehr oft den Zügel, um das Pferd zu kontrollieren, statt unsere Gewichtshilfen und Beinhilfen einzusetzen. Die Phase des "Freestyle" soll hier eine feinere Kommunikation zwischen Mensch und Pferd ermöglichen.

Das dritte Savvy ist das Savvy "Liberty". Hierbei geht es um eine Verfeinerung der Phasen eins und zwei sowie um eine Verfeinerung der Kommunikation zwischen Ihnen und Ihrem Pferd im Allgemeinen. In der Phase des Liberty arbeiten Sie mit Ihrem Pferd vom Boden aus, ohne durch ein Seil oder anderweitig physisch mit ihm verbunden zu sein. Dies erfordert hohe Konzentration, bewusste Aufmerksamkeit und ein sehr gutes Körpergefühl. Sie müssen in der Lage sein, Ihre eigene Körpersprache so einzusetzen, dass sie von außen genau so wahrgenommen wird, wie sie gemeint ist. Das mag erst einmal trivial klingen, ist aber viel schwerer, als man annehmen möchte.

Das vierte und letzte Savvy ist das Savvy "Finesse". Wie das Wort schon andeutet, geht es in dieser Phase um eine weitere Verfeinerung der Kommunikation, um das Erlernen weiterer Fähigkeiten und um Kreativität bei der Umsetzung aller bisher genutzten Phasen. In dieser Phase wird wiederum vom Pferderücken aus gearbeitet. Dabei wird diesmal der Zügel beidseitig eingesetzt. Hierbei ist eine feine Verbindung zum Pferdemaul gefragt. Dennoch sollen die Gewichts- und Beinhilfen aus der Phase "Freestyle" nicht verloren gehen. Die Verbindung zwischen Zügel- und Gewichtshilfen erfordert an dieser Stelle ein großes Feingefühl.

GRUNDLAGEN DES TRAININGS IM HORSEMANSHIP: DIE SIEBEN SPIELE

Die sieben Spiele, oder auch "Seven Games" bilden die Grundlage des Trainings im Natural Horsemanship. Dabei bilden die ersten drei Spiele die Basis, auf der die weiteren Spiele als weiterführende Übungen aufgebaut werden. Diese drei Spiele konzentrieren sich in erster Linie auf den Aufbau von Vertrauen und Akzeptanz zwischen Ihnen und Ihrem Pferd. Die anderen vier Spiele verbessern die Kommunikation zwischen Ihnen und Ihrem Pferd. Parelli entwickelte diese Spiele, indem er das Verhalten von Stuten mit ihren Fohlen intensiv beobachtete. Das Training ist sozusagen ein "ewiges Spiel" der Mutter mit ihrem Fohlen. Alle Spiele können in den verschiedenen Phasen gespielt werden. Man beginnt in der Regel Online – das heißt mit einem Seil mit dem Pferd verbunden vom Boden aus.

„Friendly Game" – das Freundlichkeitsspiel

Das Friendly Game ist in erster Linie dazu da, Vertrauen zwischen Ihnen und Ihrem Pferd aufzubauen. Sie können dieses Spiel immer wieder zwischen

Ihren Trainingseinheiten einbauen und Ihrem Pferd damit Sicherheit geben. Der Grundgedanke ist, das Pferd in eine Situation zu bringen, in der es Angst haben könnte, ihm aber gleichzeitig zu vermitteln, dass ihm nichts passiert, und auch, dass Sie ihm nicht wehtun, auch wenn Sie ein Seil oder eine Gerte in der Hand haben. Man könnte auch sagen, Sie provozieren Ihr Pferd bewusst in kleinen Schritten, um es an ungewohnte Situationen zu gewöhnen und ihm Gelassenheit und Vertrauen anzutrainieren.

Grundvoraussetzung für dieses Spiel ist, dass Ihr Pferd sich überall von Ihnen anfassen und streicheln lässt. Ist schon das ein Problem, müssen Sie zunächst damit anfangen. Versuchen Sie es einfach mal. Lässt Ihr Pferd Sie überall ran? Dürfen Sie seine Ohren streicheln? Dürfen Sie seinen Kopf anfassen? Seine Gamaschen? Und lässt es Sie die Beine streicheln und unter dem Bauch kraulen? Wenn dies alles geht, dann können Sie mit dem Friendly Game starten. Ihre Aktion besteht hierbei darin, selber Unruhe zu verbreiten, während Ihr Pferd ruhig bleiben soll. Sie können hüpfen, ein Seil schwingen, die Satteldecke auf den Rücken werfen und wieder abnehmen. Was immer Ihnen dazu einfällt – hier dürfen Sie gerne kreativ werden. Wichtig ist: Sie dürfen Ihrem Pferd bei diesem Spiel niemals wehtun. Sonst verliert es unter Umständen das Vertrauen und Sie können Ihr Training nicht fortsetzen. Bei allem was Sie tun, muss immer ein bestimmter Rhythmus eingehalten werden. Ihr Tun wird damit für das Pferd vorhersehbar, was ihm wiederum Vertrauen einflößt. Wenn Sie ein Seil schwingen und es über den Rücken werfen, tun Sie dies in einem gleichbleibenden Rhythmus.

Dasselbe gilt für Satteldecken, Gerten oder ähnliches. Im Idealfall bleibt Ihr Pferd während dieser ganzen Übung gelassen und ruhig, aber aufmerksam und Ihnen freundlich zugewandt. Sobald Sie merken, dass Ihr Pferd Angst bekommt, fahren Sie die Übung ein Stück zurück und beginnen Sie sanfter.

„Porcupine Game" – das Stachelschweinspiel

Pferde haben einen Oppositionsreflex. Das bedeutet, dass sie sich instinktiv gegen Druck wehren. Damit sind Sie nicht alleine, auch beim Menschen gilt das Sprichwort: Druck erzeugt Gegendruck. Wer mit einem Pferd arbeitet, der weiß, wie wichtig es schon beim Putzen oder Satteln sein kann, dass man das Pferd in der Hinterhand und der Vorhand bewegen und wegschicken oder zu sich holen kann. Natural Horsemanship benutzt zum Training dieses "Weichens" das Prinzip des Druckes – und vor allem des Nachgebens. Das Pferd soll lernen, auf Druck nicht mit Gegendruck, sondern mit Ausweichen zu reagieren. Damit bringt man ihm bei, selbst die Verantwortung für sein Wohlergehen zu übernehmen. Sie kennen sicher den Ausdruck der "Komfortzone". Wird irgendwo auf das Pferd Druck ausgeübt, befindet es sich außerhalb der Komfortzone.

Es kann sich aber selber wieder in seine Komfortzone bringen, indem es dem Druck ausweicht. Um dies zu trainieren, ist es wichtig, sofort mit dem Druck nachzugeben, wenn das Pferd weicht, damit es sich wieder wohlfühlt. Nur so kann eine Konditionierung des Weichens auf Druck erfolgen. Bei dieser Trainingseinheit üben Sie also Druck an der Stelle aus, an der das Pferd weichen soll. Beginnen Sie mit einem sanften Druck. Reagiert das Pferd nicht, erhöhen Sie den Druck. Sobald das Pferd reagiert – und sei es erst einmal nur ein halber Schritt oder eine leichte Bewegung, nehmen Sie sofort den Druck weg. Dann loben Sie das Pferd und streicheln es an der Stelle, an der Sie eben Druck ausgeübt haben. Dabei nutzen Sie bitte keinen stechenden, sondern einen stetigen Druck. Ein stechender Druck kann das Pferd verwirren. Der Druck sollte stetig sein und sich langsam aufbauen. Das Pferd muss verstehen, dass der Druck ihm nicht folgt, sondern dass es durch Weichen wieder in seine Komfortzone kommen kann. Hat es dies erst mal verstanden, können Sie Ihr Pferd mit dieser Methode sehr gut drehen, zu Ihnen holen oder wegschicken.

„Driving Game" – das Weichen auf Zeichen

Das Driving Game ist das Folgespiel des Porcupine Game. Sie können dieses Spiel erst beginnen, wenn Ihr Pferd gelernt hat, dem Druck zu weichen und Sie dies zuverlässig abrufen können. Ansonsten wird das Driving Game sowohl das Pferd als auch den Trainer verunsichern, da die Regeln nicht klar und sicher gehandhabt werden können.

Beim Driving Game wird der Druck, den Sie beim Porcupine Game auf das Pferd ausüben, durch Zeichen ersetzt. Diese Zeichen können ein Winken mit der Hand sein, wenn das Pferd rückwärts laufen soll, ein Zeigen auf das Auge zum Weichen mit der Vorhand, Schwenken der Hand oder eines Seiles, wenn Sie die Hinterhand des Pferdes bewegen wollen. Das ist natürlich nur eine Auswahl der möglichen Zeichen. Grundlage dieses Spieles ist die Beobachtung, dass Pferde sich gegenseitig untereinander bewegen, ohne den anderen zu berühren. Oft reicht eine Bewegung der Ohren, um einem anderen Pferd ein Signal zu geben, ein Anheben eines Hufes, ein Schlagen mit dem Kopf oder gar nur ein Blick, der deutlich macht, was das Pferd dem anderen Pferd sagen möchte.

Im Grunde handelt es sich hierbei um eine Aussage des Pferdes an das andere: Vorsicht! Wenn du dich nicht bewegst, dann läufst du in meinen Huf, meinen Schweif oder kriegst meinen Schädel zu spüren. Genau diese Aussage ist nun auch die Aussage, die Sie als Trainer machen. Das Pferd soll nun Ihrem mentalen Druck weichen, nicht mehr dem physischen. Es ist eine Art Frage-Antwort-Spiel: Sie bitten das Pferd sich zu bewegen, weil Sie Ihren Raum einnehmen wollen. Bewegt das Pferd sich nicht und bleibt stehen, dürfen Sie ihm zeigen, dass es Ihren Raum nicht gewahrt hat und dass Ihnen das nicht gefällt. Dabei ist es wichtig, konsequent zu sein. Wenn Sie nicht wirklich möchten, dass Ihr Pferd Ihnen weicht und nachgeben, wenn es nicht weicht, indem

Sie es dann nicht berühren, wird es Sie nicht mehr ernst nehmen. Das stört das Vertrauen zwischen Ihnen und Ihrem Pferd. Ihr mentaler Wille muss stark und fest sein. Natürlich darf bei Ihnen niemals die Absicht dahinter stehen, Ihr Pferd zu schlagen, wenn es sich doch nicht bewegt, auch wenn Sie es dann berühren. Pferde können sehr gut unterscheiden, ob es ihre eigene Verantwortung war, weil sie nicht gewichen sind, oder ob Sie im Grunde darauf gewartet haben, dass es einen Fehler macht, um es zu schlagen. Dies sollte Ihnen immer klar sein. Sobald Absicht in einem Schlag liegt, wird Ihr Pferd anfangen, gegen Sie zu kämpfen und das Vertrauen verlieren.

Wenn Ihr Pferd alles richtig gemacht hat und Ihrem mentalen Druck gewichen ist, loben Sie es! Auch wenn es vielleicht nur ein kleiner Schritt war, den es gemacht hat.

„Yo Yo Game" oder „Jo Jo Game" – Das Jo Jo Spiel

Beim Yo Yo Game geht es darum, das Pferd rückwärts und vorwärts zu richten. Entscheidend für dieses Spiel ist, dass das Pferd dabei auf einer geraden Linie bleibt. Das ist gar nicht so einfach, weil Pferde von Natur aus nicht darauf trainiert sind, sich in einer exakt geraden Linie zu bewegen. Anfangs wird Ihr Pferd vermutlich zur Seite hin ausweichen. Seien Sie geduldig bei diesem Spiel – es braucht seine Zeit. Auch gibt es hier natürlich ganz verschiedene Pferdetypen. Dem einen Pferd fällt es schwer, rückwärts zu gehen, ein anderes versteht vielleicht nicht, warum es sich in gerade Linie vorwärts auf Sie zu bewegen soll. Das Ziel ist also nicht nur eine gerade Linie, sondern auch eine Gleichmäßigkeit in das vorwärts und rückwärts richten zu bekommen.

Um Ihr Pferd vorwärts oder rückwärts zu schicken, brauchen Sie ein relativ langes Bodenarbeitsseil. Soll Ihr Pferd rückwärts gehen, geben Sie Energie auf das Seil. Das bedeutet, Sie lassen es hin und her schwingen. Fangen Sie sanft an – vielleicht haben Sie ein sensibles Pferd, das auf wenig Energie reagiert. Reagiert Ihr Pferd nicht, erhöhen Sie die Energie. Sie können das Seil so lange stärker schwingen lassen, bis sich die Schwingung auf das Halfter überträgt. Geht Ihr Pferd rückwärts, hat es verstanden, worum es geht, auch wenn es erst einmal nur ein Schritt ist. Dann nehmen Sie sofort die Energie vom Seil und loben Ihr Pferd. Haben Sie Geduld mit Ihrem Pferd. Rückwärts gehen ist eigentlich eine Strafe, denn Sie schicken Ihr Pferd weg. Damit es nicht als Strafe empfunden wird, sollten Sie vorher das Vertrauen gut aufgebaut haben. Wenn Sie Ihr Pferd nun wieder zu sich holen wollen, lassen Sie das Seil durch die geöffneten Hände gleiten.

Erhöhen Sie den Druck, indem Sie die Hände schließen und leichten Zug ausüben. Auch hier gilt: Geben Sie beim kleinsten Erfolg nach. So können Sie Ihr Pferd nach und nach zu sich holen. Ist Ihr Pferd bei Ihnen angekommen, streicheln Sie es ausgiebig. Denken Sie immer daran, dass es für ein Pferd nicht natürlich ist, von Ihnen trainiert zu werden. Sie erwarten viel von ihm. Zeigen Sie ihm ab und zu, dass Sie Wertschätzung für seinen Einsatz empfinden.

„Circling Game" – das Zirkeln

Auf den ersten Blick sieht das Circling Game so aus, als würde es sich dabei um bloßes longieren handeln. Dies ist allerdings nicht der Fall. Das Circling Game basiert auf longieren, bezieht aber sehr viel mehr mit ein. Während longieren ein hauptsächlich physisches Training ist, bezieht das Circling Game mentale Komponenten, Kommunikation und Eigenverantwortlichkeit des Pferdes mit ein. Beim Longieren soll das Pferd meist viele Runden in derselben

Gangart laufen. Dabei wird es oft permanent angetrieben. Hier liegt der größte Unterschied zum Circling Game: Hier hat nicht der Mensch, sondern das Pferd die Verantwortung dafür, die Gangart zu halten. Das Ziel des Circling Games ist es, dass das Pferd von sich aus die Gangart hält, während der Trainer ganz entspannt in der Mitte stehen kann, ohne in permanente Aktion treten zu müssen. Wie erreicht man ein solches Ziel?

Das Geheimnis liegt in der Art der Konditionierung. Läuft das Pferd in der gewünschten Gangart, lässt man es komplett in Ruhe. Kein Treiben, kein Schnalzen oder Ähnliches. Wechselt es dagegen unerwünscht die Gangart, holen Sie Ihr Pferd zu sich und schicken es dann wieder raus. Das Ziel ist es, es dem Pferd umständlich und unbequem zu machen, wenn es eigenständig die Gangart wechselt. Im Idealfall lernt das Pferd, dass es angenehmer und ungestörter laufen kann, wenn es einfach die Gangart beibehält. Läuft Ihr Pferd zwei Runden von alleine in der gewünschten Gangart, ist dies ein großer Erfolg. Das Pferd zeigt Ihnen damit nicht nur Respekt vor Ihrer Person, sondern auch, dass es eigenverantwortlich handelt. Nach vier Runden beginnt Ihr

Pferd übrigens, sich zu langweilen, wenn Sie es in derselben Gangart laufen lassen. Dann ist Ihre Fantasie gefragt. Sie könnten zum Beispiel Hindernisse aufbauen oder sich auf unebenes Gelände wagen. Auch das Vergrößern oder Verkleinern des Zirkels sichert Ihnen die Aufmerksamkeit Ihres Pferdes.

Achten Sie darauf, dass Ihr Pferd immer konzentriert bei der Sache bleibt. Sobald Sie merken, dass es nur stumpf seine Runden abläuft, fordern Sie seine Aufmerksamkeit durch eine Änderung der Gangart, einen Richtungswechsel oder ein Hindernis.

„Sideways Game" – das Seitwärts Spiel

Je besser Ihr Pferd rückwärts und seitwärts geht, desto leichter werden Sie es auch mit dem restlichen Training haben. Beides ist eine Grundvoraussetzung, um gut zusammenzuarbeiten. Aber nicht alle Pferde verstehen gleich, warum sie seitwärts laufen sollen. Es geht hierbei nicht nur um die Kommunikation zwischen Ihnen und Ihrem Pferd, sondern auch um eine gute Gymnastizierung. Seitwärts gehen ist für Ihr Pferd wichtig, um beweglich zu bleiben. Sie werden feststellen, dass auch alle anderen Trainingseinheiten leichter werden, wenn Sie Ihr Pferd zuverlässig rückwärts und seitwärts schicken können. Da nicht alle Pferde begeistert von dieser Übung sind und auch nicht alle Pferde gleich verstehen, was Sie von ihnen erwarten, ist es bei dieser Übung am einfachsten, wenn sie eine Zaunbegrenzung nutzen, um Ihr Pferd daran zu hindern, in die Vorwärtsbewegung auszuweichen.

Um Ihr Pferd seitwärts zu schicken, bewegen Sie abwechselnd Kopf und Hinterhand zur Seite. Ein gutes Hilfsmittel ist hier wieder ein schwingendes Seil, mit dem Sie auch die Hinterhand zur Seite schicken können. Dabei sollte Ihr Pferd hauptsächlich wieder auf Energie, nicht auf physischen Druck reagieren. Sie werden feststellen, dass Ihr Pferd beim Seitwärtsweichen eine Lieblingsseite hat. Üben Sie beide Seiten so lange, bis es gleichmäßig funktioniert.

„Squeeze Game" – das Engpass Spiel

Das Squeeze Game ist nicht nur eine wichtige Vertrauensübung, es ist auch eine Übung, um Ihr Pferd unaufgeregt in einen Hänger verladen zu können. Pferde sind Fluchttiere und fühlen sich daher von Natur aus in engen Räumen nicht wohl. Sie gehen auch nicht gerne zwischen dicht stehenden Wänden hindurch. Enge und geschlossene Räume können ein Pferd in Panik versetzen. Dies ist nicht nur sehr unpraktisch, es kann auch gefährlich werden. Deshalb ist dieses Spiel besonders wichtig. Je größer das Vertrauen zwischen Ihnen und Ihrem Pferd ist, desto leichter wird Ihnen diese Übung fallen. Alle anderen Übungen sind daher eine gute Vorarbeit für das siebte und letzte Spiel. Ziel ist es, das Pferd durch einen Engpass gehen zu lassen.

Dabei soll es ruhig und gelassen bleiben, nicht nervös werden und nicht in Panik verfallen. Dazu stellen Sie sich circa drei Meter neben einer Wand auf und schicken Ihr Pferd zwischen sich und der Wand hindurch. Funktioniert dies nicht, machen Sie den Engpass breiter und gehen Sie ein Stück von der Wand weg. Dann wiederholen Sie die Übung. Geht Ihr Pferd ruhig durch den Engpass, können Sie den Abstand wieder verringern. Am Ende dieser Übung sollte Ihr Pferd entspannt durch einen Engpass von etwa einem Meter hindurch gehen. Diese Übung ist sowohl im Schritt als auch im Trab und im Galopp so zu trainieren, dass Ihr Pferd Ihnen voll vertraut.

Bevor Sie beginnen

DER CHECK-UP

Sie tun sich und Ihrem Pferd einen großen Gefallen, wenn Sie vor dem Start des eigentlichen Trainings die Bewegungen Ihres Pferdes beobachten. Beginnen Sie ohne Sattel und lassen Sie Ihr Pferd im Schritt, Trab und im Galopp laufen. Läuft Ihr Pferd ruhig und regelmäßig? Oder nehmen Sie irgendwelche Verspannungen wahr? Wiederholen Sie das Ganze mit einem Sattel auf dem Rücken.

Wenn Sie Verspannungen wahrnehmen oder Ihr Pferd auf einer Hand unruhiger läuft als auf der anderen, ist es gut, vor dem Training einen Tierarzt oder einen Osteopathen für Pferde zurate zu ziehen. Nur wenn Ihr Pferd nicht verspannt oder irgendwo in den Wirbeln blockiert ist, werden Sie beide Spaß am Training haben. Vergessen Sie dabei nicht, auch den Hals und die Augen und Mundpartie zu beobachten. Ist Ihr Pferd locker und harmonisch, kann es losgehen!

MATERIALIEN UND AUSRÜSTUNG FÜR DAS HORSEMANSHIP

Eine gute Ausrüstung erleichtert das Training und verhindert Misserfolge, die auf schlechte oder fehlende Seile, Gerten, die nicht gut in der Hand liegen oder kaputte Handschuhe zurückzuführen sind. Ein Meister ist nur so gut wie sein Werkzeug – das gilt auch beim Training Ihres Pferdes.

Das Knotenhalfter
Beim Natural Horsemanship wird traditionell mit einem Knotenhalfter gearbeitet. Um ein Knotenhalfter richtig zu benutzen, müssen ein paar Dinge beachtet werden. Die Vorteile eines Knotenhalfters liegen vor allem in der Möglichkeit einer feinen Kommunikation zwischen Mensch und Tier. Während ein Webhalter den Druck weich verteilt, kann der Druck bei einem Knotenhalfter präzise vom Seil auf das Halfter übertragen werden. Dies bedeutet natürlich im

Umkehrschluss, dass man mit einem Knotenhalfter eine gewisse Vorsicht walten lassen muss, was das Ausüben von Druck angeht.

Zunächst einmal ist es wichtig, dass das Knotenhalfter richtig sitzt. Vor allem darf der Nasenriemen nicht zu tief sitzen. Pferde haben ein dünn und spitz auslaufendes Nasenbein, das unten entsprechend empfindlich ist. Achten Sie daher darauf, dass der Nasenriemen nicht zu tief sitzt. Im Idealfall sitzt der Nasenriemen circa zwei Finger breit unterhalb des Jochbeins. Die Schlaufe, in der Sie den Strick einhängen, sollte maximal eine Handbreit Platz zum Pferdekopf haben. Sitzt das Halfter zu locker, werden die Impulse ungenau übertragen. Sitzt es zu fest, kann es dem Pferd an der Haut scheuern. Wenn Sie einen Metallhaken verwenden, sollten Sie darauf achten, mit dem Seil nicht allzu wild hin und her zu schwingen, damit der Metallhaken nicht gegen den Pferdekopf geschleudert wird.

Sie können aber auch ganz auf einen Metallhaken verzichten und den Führstrick einfach einknoten. Achten Sie darauf, dass es sich bei dem Knotenhalfter um ein Arbeitsgerät handelt. Als Stallhalfter ist es nicht geeignet.

Ein Knotenhalfter kann schärfere Impulse geben als ein Webhalfter und kann Schmerzpunkte am Pferdekopf berühren, wenn Sie es zu sorglos verwenden. Entsprechend sollten Sie nur im Notfall heftig daran rucken. Ein Knotenhalfter ist auf feine Impulsgebung ausgelegt. Auf gar keinen Fall sollten Sie unruhige Pferde damit anbinden, da sie sich an den dünnen Riemen verletzen können. Hat Ihr Pferd eine empfindliche Haut, achten Sie auf ein weiches Material. Wenn Sie Ihre Finger oben am Nacken zwischen Seil und Nacken legen, sollte das Halfter locker aufliegen und nicht zu sehr hinunter hängen. Wird das Halfter richtig eingesetzt, ist es ein wunderbares Instrument, um feine Hilfen zu übersetzen und Ihrem Pferd präzise Bewegungsvorgaben zu geben.

Zum normalen Longieren, bei dem es hauptsächlich darum geht, das Pferd richtig zu stellen und zu biegen, ist ein Knotenhalfter nur bedingt geeignet. Für die Circling Games dagegen ist es einsetzbar, denn bei dieser Trainingsmethode wird im Idealfall mit durchhängendem Seil und nicht mit Zug gearbeitet. Ziel dieses Hilfsmittels ist es, das richtige Verhalten für das Pferd angenehm und das falsche unangenehm zu machen. Das Knotenhalfter macht es für das Pferd unangenehm, Gegendruck auszuüben, während es sich wieder in seine Komfortzone begeben kann, wenn es dem Druck stattdessen nachgibt.

Sie können Ihr Knotenhalfter übrigens ohne Probleme in die Waschmaschine stecken. Am besten stecken Sie es dafür in eine Kissenhülle.

Der Bodenarbeitsstrick

Der Bodenarbeitsstrick sollte nicht zu kurz sein, sondern länger als ein normaler Führstrick. Achten Sie vor allem darauf, dass er weich und angenehm in der Hand liegt. Er sollte außerdem weder zu dünn und weich noch zu fest und starr sein. Die Bewegung des Seils überträgt sich optimal, wenn das Seil sich bei einer Schlangenbewegung auf dem Boden leicht und schnell windet, aber in runden Schlingen bleibt.

Handschuhe

Arbeiten Sie niemals ohne Handschuhe, auch wenn Sie glauben, Ihr Pferd gut zu kennen. Eine verbrannte Handfläche, weil der Strick durchgerauscht ist, ist keine angenehme Erfahrung. Dabei müssen es keine teuren Reithandschuhe sein. Einfache Baumwollhandschuhe aus der Drogerie sind vollkommen ausreichend. Achten Sie darauf, dass Ihre Hände zwar geschützt werden, Sie aber weiterhin auch durch den Stoff ein gutes und präzises Gefühl für das Seil und die Impulsgebung Ihrer Hand haben.

Longe

Für das Circling Game brauchen Sie natürlich eine Longe. Die Longe darf etwas fester sein als das Arbeitsseil. Sie sollte gut in der Hand liegen und sich nicht ständig verheddern.

Gerte und Longierpeitsche

Wie lang eine Gerte oder eine Longierpeitsche sein sollte, ist Ihrer ganz persönlichen Vorliebe überlassen. Am besten probieren Sie im Geschäft verschiedene Alternativen aus. Entscheiden Sie sich für die, die am besten in der Hand liegt.

Der Platz

Natürlich ist es optimal, wenn Sie zum Arbeiten einen Sandplatz zur Verfügung haben. Dies vereinfacht vieles und Sie können gleich loslegen. Aber es geht im Zweifel auch ohne. Sie können zum Beispiel von Ihrer Weide einen kleinen Teil abzäunen und diesen als Platz benutzen. Natürlich müssen Sie dann darauf achten, dass das Gras dort kurz ist. Gehen Sie den Platz außerdem auf Löcher ab und achten Sie darauf, Ihr Pferd nicht zu lange auf dem relativ harten Boden traben oder galoppieren zu lassen. Viele Übungen können Sie aber auch einfach auf einem Stück Weg oder in einer Einfahrt machen. Seien Sie ruhig kreativ – dann finden Sie für jede Übung den richtigen Ort.

Ihr Drei-Wochen-Übungsplan

Natürlich können Sie sich aus den oben genannten Übungen auch selbst einen Plan zusammenstellen. An dieser Stelle bekommen Sie einen Vorschlag, wie Sie mit einem präzise ausgearbeiteten Drei-Wochenplan Ihre ersten Erfolge im Training mit Natural Horsemanship machen können.

DIE ERSTE WOCHE

In der ersten Woche geht es in erster Linie um Vertrauensaufbau und darum, Ihr Pferd kennenzulernen. Wobei es hier einen gegenseitigen Effekt geben sollte: Nicht nur Sie lernen Ihr Pferd kennen, Ihr Pferd soll auch Sie kennenlernen. Dieser Trainingsplan setzt ein tägliches Training voraus. Wenn Sie nicht täglich trainieren können oder wollen, können Sie die Übungen einfach auf mehrere Wochen verteilen.

Die erste Übung

Die erste Übung besteht darin, erst einmal nur zu beobachten. Wie verhält sich Ihr Pferd in der Herde? Wie verhält es sich, wenn es alleine ist? Wie reagiert es auf Kommunikationsversuche von anderen Pferden? Dafür setzen Sie sich einfach nur auf die Weide. Dort suchen Sie sich einen möglichst gemütlichen Platz, vielleicht auf einem Baum oder einem Heuballen und sehen Ihrem Pferd zu. Dabei können Sie besonders auf Folgendes achten:

Wie kommuniziert Ihr Pferd mit anderen Pferden? Beobachten Sie genau, auf welche Körpersprache es reagiert und welche Körpersprache es selber anwendet, um sich auszudrücken. Daran können Sie sehr viel lernen, denn diese Körpersprache wird es später auch im Training einsetzen. Beobachten Sie auch, ob Ihr Pferd sich durchsetzt oder ein anderes, und beobachten Sie, mit welchem Verhalten andere Pferde bei Ihrem Pferd Erfolg haben.

Welchen Rang hat Ihr Pferd? Wird es beim Essen weggedrängt? Oder drängt es selber die anderen weg? Weicht es eher aus oder lässt es eher die anderen weichen? Dies ist eine wichtige Beobachtung, um später im Training genau zu wissen, ob Sie es mit einem dominanten oder einem eher zurückhaltenden Pferd zu tun haben. Ihr eigenes Verhalten sollte sich daran anpassen.

Wie verbringt Ihr Pferd seine Zeit? Fängt es an zu spielen, wenn ihm langweilig ist? Oder die anderen Pferde zu necken? Steht es gern einfach herum und beobachtet alles genau? Oder interessiert es sich hauptsächlich für das Fressen? An dem, was Ihr Pferd gerne macht, können Sie ablesen, wie Sie Ihr Training später auflockern können, sodass Ihr Pferd Spaß daran hat.

In welcher Stimmung ist Ihr Pferd die meiste Zeit? Ist es oft wütend? Lässt es meistens entspannt den Kopf hängen? Ist es nervös? Oder angespannt? In diesen Stimmungen können erste Hinweise darauf verschlüsselt liegen, wie Ihr Pferd auf unbekannte Situationen reagiert. Es lohnt sich daher, dies genau zu beobachten.

Hat es eine feste Aufgabe innerhalb der Herde? Auch hier können Sie lernen, Ihr Pferd besser zu verstehen, wenn Sie wissen, wofür es sonst verantwortlich ist. Die Leitstute beispielsweise ist oft – anders als man es annehmen möchte – nicht unbedingt dominant, sondern viel mehr besonders vorsichtig und misstrauisch. Naturgemäß wird sie eher dazu neigen, Sie immer wieder infrage zu stellen, als Pferde, die eine andere Aufgabe als das "Behüten" innehaben.

Ist Ihr Pferd eher ruhig oder hat es viel Energie? Auch diese Beobachtung gibt Ihnen schon bei der Beobachtung Aufschluss darüber, wie Sie mit Ihrem Pferd später umgehen können. Viel rennen und galoppieren bietet sich bei einem energiereichen Pferd natürlich eher an als bei einem ruhigen Pferd. Andererseits achten Sie darauf, auch ein sonst ruhiges Pferd zu fordern, damit es nicht faul wird, während Sie bei einem energiegeladenen Pferd das Stillstehen üben sollten. Aus all diesen Beobachtungen können Sie sehr viel für das spätere Training mitnehmen. Allgemein gilt: je besser Sie Ihr Pferd kennen, desto besser können Sie es verstehen. Je besser Sie es verstehen, desto harmonischer läuft Ihre Partnerschaft und desto erfolgversprechender wird das Training zwischen Ihnen sein. Umgekehrt ist es auch so, dass das Pferd spürt, wenn Sie ihm Vertrauen schenken und so wird es Ihnen seinerseits ebenfalls vertrauen. Insbesondere wenn es spürt, dass Sie es gut kennen und auf seine Reaktionen und sein Verhalten adäquat reagieren können.

Bauen Sie solchen Beobachtungsphasen in der ersten Woche jeden Tag mit ein.

Die zweite Übung

Die zweite Übung ist das Spazierengehen mit Ihrem Pferd. Viele Pferdehalter machen das nicht so gerne. Entweder möchten sie reiten oder aber auf dem Platz mit dem Pferd arbeiten. Dabei ist das Spazierengehen mit Ihrem Pferd eine der besten Übungen überhaupt. Viele Pferde reagieren auf dem Platz ganz anders als im Gelände. Das Ziel beim Spazierengehen ist, dass Sie Ihr Pferd im Schritt und im Trab (im Galopp kommen wir Menschen leider meist nicht mehr mit) zuverlässig kontrollieren können. Aber das Wichtigste sind eigentlich nicht die Gangarten, das Wichtigste ist das Stehen. Pferde sind es von Natur aus nicht gewöhnt, einfach zu stehen. Es fällt ihnen schwer, an einem Platz zu bleiben. Sie haben den Drang, immer zumindest ein wenig Bewegung in die Sache zu bringen.

Darum ist das Stillstehen etwas, was Sie beim Spazierengehen wunderbar üben können. Ihr Pferd sollte Sie beim Laufen niemals überholen, denn dann haben Sie keine gute Kontrolle mehr. Egal ob Sie lieber vor oder neben dem Pferd laufen: Die Schulter des Pferdes sollte immer hinter Ihnen sein. Achten Sie beim Spazierengehen darauf, dass Ihr Pferd mit der Schulter immer hinter Ihnen bleibt. Das ist die erste Frage der Rangordnung. Pferde untereinander halten dies genauso. Die Schulter ist einer der magischen Punkte in der Pferdekommunikation. Das gilt auch, wenn Sie stehen bleiben. Im Idealfall hält das Pferd an, ohne dass Sie am Strick rucken müssen. Nach einer Weile können Sie Ihr Pferd vielleicht sogar loslassen und es bleibt trotzdem stehen, wenn Sie stehen bleiben. Wiederholen Sie diese Übung in der ersten Woche gerne täglich für etwa eine halbe

Stunde. Haben Sie Ihr Pferd so weit, dass es mit der Schulter immer hinter Ihnen bleibt und steht, wenn Sie stehen, ohne am Halfter zu zerren, sind grundsätzliche Fragen der Rangordnung zwischen Ihnen und Ihrem Pferd schon mal geklärt.

Die dritte Übung

Die dritte Übung besteht darin, sich mit den ersten drei Spielen des Horsemanship zu beschäftigen, wobei zunächst alle drei Spiele im Savvy Online stattfinden. Das heißt, Sie sind über ein Seil mit Ihrem Pferd verbunden.

Sie beginnen also mit dem "Friendly Game", dem Freundlichkeitsspiel. Das Vertrauen, das Sie durch Beobachtung des Wesens Ihres Pferdes und durch die Spaziergänge gewonnen haben, wird nun vertieft. Für diese dritte Wochenübung brauchen Sie Ihr Bodenarbeitsseil, ein Knotenhalfter und einen eingegrenzten Raum, falls Ihr Pferd sich erschreckt und wegläuft. Das muss kein Sandplatz sein und für dieses Spiel muss der Platz nicht einmal besonders groß sein. Die Vorbereitung für dieses Spiel ist etwas, was Sie beim Spazierengehen schon ausführlich geübt haben: das Stehen. Sie können mit dieser Übung erst dann beginnen, wenn Ihr Pferd auf dem Platz stehen bleibt und Sie es im Stehen überall streicheln können. Sollte dies noch nicht der Fall sein, beginnen Sie damit, Ihrem Pferd zunächst das Stehen beizubringen. Dazu nutzen Sie die zweite Wochenübung: Das Spazierengehen und dabei stehen bleiben und erweitern sie um das Streicheln des Pferdes, sobald es steht.

Steht Ihr Pferd, können Sie mit dem Friendly Game beginnen. Lassen Sie das Seil in einem bestimmten Rhythmus neben dem Pferd schwingen. Falls Ihr Pferd scheut oder nervös wird, beruhigen Sie es, aber hören Sie nicht auf. Wenn Sie merken, dass es zu nervös wird, verkleinern Sie Ihre Bewegung. Wenn das Pferd still steht, können Sie Ihre Bewegung vergrößern. Machen Sie dies solange, bis Ihr Pferd in einer an die Schreckhaftigkeit Ihres Pferdes angepassten Bewegungsgröße circa zwei bis drei Minuten still und ruhig stehen bleibt, während Sie das Seil schwingen. Dann loben Sie Ihr Pferd ausgiebig. Wichtig ist immer, mit einem Erfolgserlebnis abzuschließen. Wenn es geklappt hat, belassen Sie es dabei und machen nun etwas anderes.

Im Anschluss können Sie mit dem „Porcupine Game", dem Stachelschweinspiel, weitermachen.

Suchen Sie sich einen Punkt aus, an dem Sie Druck ausüben und das Pferd weichen lassen können. Gut eignet sich hier für den Anfang die Hinter- oder die Vorhand. Oder Sie versuchen es mit Rückwärts-Richten, indem Sie Druck auf die Brust ausüben. Sobald Ihr Pferd Ihrem Druck weicht, geben Sie nach und loben es ausgiebig. Da es hier um die ersten Schritte geht, ist jeder kleine Schritt ein Erfolg. Ihr Pferd braucht sich nicht gleich im Kreis zu drehen oder drei Meter rückwärts zu laufen. Der Beginn des Weichens reicht völlig aus.

Erst wenn dies gut klappt, versuchen Sie es anschließend mit dem "Driving Game", dem Weichen auf Zeichen. Am besten richten Sie Ihre mentale Energie dorthin aus, wo Sie es eben mit dem Druck schon erfolgreich probiert haben. Versuchen Sie, was bei Ihrem Pferd gut funktioniert. Vielleicht ein Winken mit der Hand? Ein Schwingen mit dem Seil? Ein Schritt auf die Stelle zu? Es gibt hierfür kein universelles Patentrezept. Sie und Ihr Pferd dürfen und sollen Ihre eigene Sprache miteinander entwickeln.

Die vierte Übung

Die vierte Übung der ersten Woche ist eine Übung nur für Sie, ohne Ihr Pferd. Am Ende der ersten Woche haben Sie schon viel über Ihr Pferd gelernt und Vertrauen aufgebaut. Sie kennen Ihr Pferd schon sehr gut und haben sein Verhalten ausführlich beobachtet.

Nun können Sie Ihr Pferd anhand der Kriterien des Horsemanship in eine der Kategorien der Horsenality einordnen. Dies wird Ihnen für den weiteren Weg noch mehr Sicherheit im Umgang mit Ihrem Pferd geben können. Deshalb hier eine kurze Wiederholung der Schlagworte:

Ist Ihr Pferd: verspielt, aufgeweckt, charismatisch, ungezogen, boshaft, neigt es zum Beißen, schlägt es mit dem Vorderhuf, muss es alles ins Maul nehmen, ist es eigenwillig, überschäumend und freundlich?

Dann ist es aller Wahrscheinlichkeit nach ein Pferd, das extrovertiert ist und von der linken Gehirnhälfte dominiert wird.

Ist Ihr Pferd: intelligent, reagiert nicht immer, desinteressiert, streitlustig, herausfordernd, neigt zum Buckeln, ist manchmal unmotiviert, lustlos, am

Futter orientiert, schnell gelangweilt, bockig, dick-köpfig und faul?

Dann wird es vermutlich von der linken Gehirn-hälfte dominiert und ist introvertiert.

Ist Ihr Pferd: impulsiv, steht nicht still, ist hyper-aufmerksam, reizbar, panisch, neigt zum Durchge-hen oder Steigen, überrennt Sie, stellt den Kopf hoch, versteift sich und will immer nach vorn?

Dann ist es vermutlich extrovertiert, wird aber von der rechten Gehirnhälfte dominiert.

Ist Ihr Pferd: angespannt, ruhig, ergeben, miss-trauisch, zögerlich, schlägt aus Angst hinten aus, kann plötzlich explodieren, unvorhersehbar, schnell eingeschüchtert oder katatonisch?

Dann handelt es sich wahrscheinlich um ein int-rovertiertes Pferd, das von der rechten Gehirnhälfte dominiert wird.

DIE ZWEITE WOCHE

In der zweiten Woche geht es in erster Linie um eine Vertiefung des Vertrauensaufbaus und um die Anfänge der Kommunikation mit Ihrem Pferd.

Die erste Übung

Die erste Übung der zweiten Woche besteht wieder in der Beobachtung. Diesmal lassen Sie Ihr Pferd dabei aber alleine auf dem Platz herum laufen. Rennt es los? Tobt es sich aus? Oder bleibt es irgendwo stehen? Ist es neugierig? Legen Sie ein paar Sachen zum Beschnuppern aus. Vielleicht einen Ball, ein paar Hindernisse, ein Pylon. Wofür interessiert Ihr Pferd sich? Interessiert es sich überhaupt für irgendwas? Steigen Sie mit ein, wenn Ihr Pferd sich für einen Gegenstand interessiert und versuchen Sie zunächst spielerisch mit ihm in Kontakt zu treten. Lässt es Sie mitspielen? Oder möchte es seine Eroberung lieber für sich haben?

Die zweite Übung

Als zweite Übung nehmen Sie zu den drei ersten Spielen der ersten Woche die vier weiteren Spiele dazu. Zunächst beginnen Sie mit dem "Yo Yo Game". Dazu suchen Sie sich eine Stelle, an der das Pferd in einer geraden Linie rückwärts und vorwärts laufen kann. Für den Anfang kann es hilfreich sein, hier eine seitliche Begrenzung zu einer Seite durch einen Zaun zu haben. Erinnern Sie sich: es geht darum, das Pferd am Ende gleichmäßig und sicher vorwärts und rückwärts laufen lassen zu können, ohne dass es seitlich ausbricht. Für diese Übung brauchen Sie ansonsten nur Ihr Bodenarbeitsseil und viel Geduld. Denken Sie auch hier daran, Ihr Pferd zu loben und mit einem Erfolgserlebnis die Übung zu beenden.

Nun folgt das "Circling Game", der Zirkel. Hierfür brauchen Sie entweder einen Platz oder ein abgegrenztes Stück sehr kurz gemähter Wiese, Ihre Longe, eine Longierpeitsche und natürlich Ihre Handschuhe. Schicken Sie nun Ihr Pferd auf den Kreis und arbeiten Sie zunächst im Schritt. Denken Sie immer daran, dass Sie die Muskeln und Sehnen Ihres Pferdes erst aufwärmen müssen. Beginnen Sie deshalb diese Übung nicht gleich im Trab oder im Galopp. Erwarten Sie am Anfang nicht zu viel – wenn Ihr Pferd eine Runde in der gewünschten Gangart bleibt, ohne sie eigenmächtig zu ändern, ist dies ein Erfolg. Ein weiteres Spiel, das diese Woche hinzukommt, ist das "Sideways Game", das Seitwärtsspiel.

Suchen Sie sich hierfür eine Stelle aus, an der ein Zaun ist, der Ihr Pferd begrenzen kann, um die Seitwärtsbewegung für den Anfang einfacher zu gestalten. Dann nutzen Sie das Arbeitsseil und das "Weichen durch Zeichen", um Ihrem Pferd zu signalisieren, dass es sich abwechselnd mit dem Kopf und mit dem Hinterteil seitwärts bewegen soll.

Das letzte Spiel, das diese Woche in das Training mit aufgenommen wird, ist das "Squeeze Game", das Engpass-Spiel. Hierfür benötigen Sie eine Wand und Ihr Arbeitsseil, eventuell eine Gerte als Armverlängerung. Bei diesem Spiel wird sich zeigen, ob Ihr Pferd schon volles Vertrauen in Sie setzt. Klappt dieses Spiel noch nicht so gut, gehen Sie einen Schritt zurück und arbeiten Sie mithilfe der anderen Übung noch mehr am Vertrauen zwischen Ihnen und Ihrem Pferd.

Die dritte Übung

Als dritte Übung analysieren Sie das Training der letzten Woche. Was lief gut? Was lief nicht so gut? Sind Sie mit dem Ergebnis zufrieden oder gibt es Schwierigkeiten? Woran hat es Spaß gemacht zu arbeiten, was macht Ihnen keinen Spaß? Woran hat Ihr Pferd Spaß und woran nicht so sehr?

Diese Übung ist wichtig, um zielgerichtet weiterarbeiten zu können und sich die Abläufe, die man unbewusst wahrnimmt, bewusst zu machen. Nur so kann man sie auch bewusst bearbeiten.

DIE DRITTE WOCHE

In der dritten Woche sind Ihre Kreativität und Ihr ehrliches Urteil gefragt. In dieser Woche geht es darum, die Kommunikation zu verfeinern und ein harmonisches Miteinander mit Ihrem Pferd zu erreichen.

Die erste Übung

Die erste Übung ist wieder eine Kopfübung. Bei dieser ersten "Übung" sollen Sie sich ganz ehrlich eine Einschätzung geben: Bin ich schon so weit für den nächsten Schritt? Ist mein Pferd schon bereit für den nächsten Schritt? Oder vertiefen wir besser erst noch die Übungen aus den Wochen eins und zwei, bevor wir in die nächste Phase gehen? Lassen Sie sich bei dieser Überlegung nicht von Eitelkeit leiten und schauen Sie nur auf sich und Ihr Pferd. Vielleicht ist Ihre Kollegin schon weiter und kommt viel schneller voran, oder Sie haben das Gefühl, dass Sie es eigentlich schon besser können müssten. Befreien Sie sich von solchen Überlegungen. Sie brauchen sich nicht zu vergleichen und nicht in Konkurrenz treten. Jede Kombination ist einzigartig, auch die zwischen Ihnen und Ihrem Pferd. Zelebrieren Sie das, anstatt es sich zum Vorwurf zu machen.

Die zweite Übung

Sie sind zu dem Schluss gekommen, dass Sie und Ihr Pferd so weit sind? Dann haben Sie nun schon ein tiefes Vertrauen zu Ihrem Pferd und Ihr Pferd zu Ihnen. Sie können bereits über das Seil miteinander kommunizieren.

Die Aufgabe der dritten Woche – und eigentlich auch die Aufgabe für alle Wochen, die folgen – ist, die Kommunikation immer weiter zu verfeinern, indem Sie dazu übergehen, alle vorherigen Aufgaben nicht nur Online – also mithilfe der Seilverbindung zu Ihrem Pferd – zu trainieren, sondern die anderen Savvys zu beschreiten. Dabei gibt es nicht den einen, mit dem Sie am besten anfangen. Dies hängt von der individuellen Persönlichkeit Ihres Pferdes und Ihrer individuellen Verbindung zueinander ab. Seien Sie kreativ und legen Sie ab jetzt Ihr eigenes Übungsbuch an, in dem Sie festhalten, mit welcher Übung

Sie weiter machen wollen. Sie sind nun so weit, dass Ihre individuelle Verbindung einer individuellen Betreuung durch Sie selbst bedarf.

Herstellung und Verlag:
BoD – Books on Demand, Norderstedt
ISBN: 9783753402000

1. Auflage
Kontakt: Psiana eCom UG/ Berumer Str. 44/ 26844 Jemgum
Covergestaltung: Fenna Larsson
Coverfoto: depositphotos.com